Marketing direct pour les réseaux sociaux

En Capsules

Les secrets du mythique Dan S. Kennedy

INDEX

Introduction p. 5

Ch. 1 Recherche de quelque chose de mieux p. 7

Ch. 2 Réseaux sociaux, pas du marketing p. 11

Ch. 3 Direct Response de la tête aux pieds p. 17

Ch. 4 Tout tourne autour de toi? p. 23

Ch. 5 Quelle est ta niche? p. 27

Ch. 6 Comment créer un Lead Magnet p. 33

Ch. 7 Facebook Ads p. 35

Ch. 8 LinkedIn p. 37

Ch. 9 Email marketing p. 41

Ch. 10 Que publier p. 43

Ch. 11 Le grand secret des réseaux sociaux p. 45

Ch. 12 Faire le grand coup p.51

Ch. 13 Optimisation et transformation p. 61

Ch. 14 Augmenter la liste de clients p.65

Ch. 15 Le problème des tendances p.69

Ch. 16 Comment multiplier les contenus p.71

Note p. 73

INTRODUCTION

Pourquoi j'ai écrit un livre sur les réseaux sociaux et pourquoi tu devrais le lire

Par Dan Kennedy

Tout le monde en parle, mais personne ne sait vraiment de quoi il parle.

Je n'aime pas les réseaux sociaux, en fait, je les considère même comme destructeurs pour la société. Je vois des entreprises gaspiller de l'argent et du temps juste pour générer du trafic inutile, sans obtenir de résultats économiquement significatifs.

Pourtant, je possède des actions dans une entreprise de tabac, donc je ne me refuse pas de gagner de l'argent avec des choses que je considère comme un cancer pour la société.

Je connais aussi des personnes intelligentes qui utilisent les réseaux sociaux pour faire de la lead generation et qui arrivent à vendre plutôt bien.

Je te préviens, si tu décides de te lancer dans le monde des réseaux sociaux, ne fais pas comme les autres. 99 % des entreprises qui utilisent les réseaux sociaux se trompent complètement.

Ta meilleure arme est de te concentrer sur les profits. Il m'est arrivé d'être assis à une table pendant qu'un manager d'une petite entreprise proposait de copier la stratégie Facebook d'une grande multinationale (d'ailleurs dans un secteur différent), sans avoir la moindre preuve des profits générés par cette stratégie. Incroyablement, les autres l'ont pris au sérieux, ils auraient dû le brûler vif.

La co-auteure de ce livre, Kim Walsh Phillips, est un exemple positif de stratégie sur les réseaux sociaux, tant pour son activité que pour celles de ses clients, que je connais personnellement.

C'est pourquoi j'ai décidé d'écrire un livre avec elle : elle utilise les principes du direct response pour obtenir des résultats concrets dans le monde des réseaux sociaux.

C'est ça, et seulement ça, qui devrait être ton standard.

No BS Takeaways

- Ta meilleure défense est de rester concentré sur le profit ;
- Laisse les profits être les vrais paramètres de mesure des résultats ;
- Le social media marketing doit respecter les mêmes règles que les autres activités de marketing.

CHAPITRE 1

À la recherche de quelque chose de mieux

Comment trouver le profit

Par Dan Kennedy

Tu ne peux pas te permettre de gober les "nouvelles métriques" que les promoteurs des réseaux sociaux et les grandes entreprises déconnectées de la réalité essaient de te vendre.

Si tu veux jouer à ce jeu, assure-toi qu'il te rapporte de l'argent réel. Nous sommes tous dans le business de faire de l'argent, on se fiche des likes, des vues, etc.

La vérité, c'est que la plupart des gens qui cherchent à faire de l'argent échouent.

Seul 1 % devient riche et seulement 4 % atteignent une indépendance financière significative avec l'entrepreneuriat. Les autres 95 % se retrouvent souvent en difficulté financière.

La raison principale est que les gens préfèrent l'optimisme illusoire à la réflexion précise; ils sont faibles et se laissent influencer par les collègues, les clients, la famille au lieu de raisonner sur les profits de chaque investissement.

Les réseaux sociaux ont aussi un autre problème : leurs propriétaires détestent le marketing à réponse directe. Ils ne veulent pas que tu mesures le retour sur investissement. Ils préfèrent les grandes entreprises qui dépensent joyeusement en publicité sans trop se poser de questions sur son efficacité (brand awareness).

Comme si ce n'était pas suffisant, des plateformes comme Facebook continuent de modifier leurs politiques avec des bans et des restrictions, obligeant les entreprises à édulcorer leurs messages publicitaires, réduisant ainsi leur efficacité.

Mes 2 instructions

Sur les réseaux sociaux (et en ligne en général), une erreur peut te coûter très cher, même si tu ne finis pas dans les journaux nationaux, les mauvaises nouvelles voyagent vite. Plus tu es présent, plus tu t'exposes à ce terrorisme social : avis négatifs, attaques, plaintes, etc.

Une autre erreur à éviter est de ne pas te fier exclusivement aux réseaux sociaux, peu importe combien de comptes tu possèdes, tout revient à une seule source. Un est le nombre le plus dangereux pour un business, assure-toi de compter aussi sur d'autres systèmes d'acquisition.

Mon client Chris Cardell utilise Facebook de manière profitable, mais il utilise aussi les emails, le pay per click, le courrier, la radio, la TV et les journaux. Si

Facebook décide de l'éliminer, il n'aura aucun problème à continuer son activité.

Donc, si plus de 20% de tes clients sont acquis via les réseaux sociaux, tu es sérieusement en danger.

Exige toujours des réponses adéquates. Dans un sondage fait par USA Today, il est apparu que :

- 61% des petites entreprises ne parviennent pas à démontrer un retour sur investissement sur les réseaux sociaux.
- Pourtant, 50% de ces mêmes entreprises disent vouloir augmenter le temps et les ressources alloués aux réseaux sociaux.
- Seulement 7% ont décidé de réduire les coûts.

Le CEO d'une agence de social media marketing insiste en disant que ces 7% se trompent parce que "Ce n'est pas vrai qu'ils n'ont pas de retour sur investissement, ils ne savent simplement pas le voir ou le quantifier!"

Si tu aimes qu'on t'appelle idiot, tu adoreras ce type!

Souviens-toi, tu n'es pas dans le business de la discussion ou de la visibilité, tu es dans le business de la vente!

Du besoin désespéré au succès

Par Kim Walsh Phillips

Depuis que je suis devenue une fan de Dan Kennedy,

j'ai une pancarte dans mon bureau : "Nous ne faisons confiance qu'à Dieu, tous les autres apportent des données."

Il y a des années, j'avais une agence de marketing classique basée sur le branding et les relations publiques, je ne comprenais rien aux ventes.

Nous étions bons pour créer de beaux logos et des visuels accrocheurs, mais nous n'offrions rien de mesurable. J'avais énormément de mal à acquérir des clients, pour ensuite les perdre au renouvellement du contrat.

Puis, j'ai découvert le livre de Dan Kennedy, Direct marketing pour business traditionnels. Depuis ce moment, tout a changé.

À partir de là, j'ai décidé que je ne ferais plus jamais rien qui ne me rapporte pas de résultats concrets. Tu devrais faire de même.

No BS Takeaways

- Réponds à la question : "Pourquoi le client potentiel devrait te choisir toi plutôt que la concurrence?"
- Contrôle toujours les résultats des réseaux sociaux;
- Nous ne faisons confiance qu'à Dieu, les autres apportent des données;
- Si ça ne me rapporte pas de résultats, je ne le fais pas.

CHAPITRE 2

Les réseaux sociaux ne sont pas du marketing

Media vs marketing

Par Dan Kennedy

En 2012, Michael Phelps est devenu l'athlète le plus décoré de tous les temps. Pourtant, quelques années auparavant, il n'était pas au mieux. Après les Jeux Olympiques de 2008, il a commencé à se relâcher. Il a arrêté de faire ce qui l'avait amené à gagner, comme aller à la piscine chaque jour. Jusqu'en 2011, quand il a été battu par Ryan Lochte. À ce moment-là, Phelps a recommencé à revenir aux bases pour retrouver le chemin de la victoire.

Cela te montre à quel point il est important de ne jamais oublier les bases, même quand les choses autour de toi changent, cela vaut aussi pour le marketing.

Internet n'est pas aussi spécial que beaucoup le pensent et le mot media ne signifie pas marketing.

Le principe fondamental de mon approche du marketing, quel que soit le media utilisé, est le suivant: Assurons-nous de parler aux bonnes personnes, aux clients potentiels vraiment intéressés par nos produits ou services. Fais tout ce qui est possible pour leur vendre et préoccupe-toi moins du nombre de caractères ou de la longueur de la vidéo.

Tout le monde pense que son business est différent, que ces principes ne peuvent pas s'appliquer à leur situation ou que, parce que personne ne fait une certaine chose dans leur domaine, cela signifie que ça ne peut pas marcher.

Peu importe si ton client est le CEO ou le balayeur, peu importe le type de media que tu utilises, tout le monde achète de la même manière, à travers le même processus et le même parcours émotionnel.

Les bases du marketing qui fonctionne

Il y a seulement quelques règles simples à suivre, et pourtant la plupart des entreprises qui utilisent les réseaux sociaux ne les respectent pas. Voyons-les ensemble:

1. Il doit toujours y avoir une offre qu'on ne peut pas refuser. Ton marketing sur les réseaux sociaux doit toujours avoir une offre qui explique ce que les gens doivent faire et pourquoi ils doivent le faire maintenant. Elle doit être irrésistible et avoir une durée limitée.

2. Il doit toujours y avoir une raison de répondre tout de suite. Les gens ont tendance à tout remettre à plus tard, le problème est qu'ils

finissent par oublier. Ton objectif est de les amener à agir immédiatement.

3. Tu dois donner des instructions claires. Depuis tout petits, on nous apprend à suivre des instructions, profite de cela. Beaucoup de gens n'achètent pas parce qu'ils sont confus et ne savent pas ce qui se passera ensuite. Explique exactement toutes les étapes du processus et demande des actions précises pour conclure la vente.

4. Mesure les données. N'accepte pas les données inutiles (vanity metrics), mais seulement des données concrètes qui mesurent le profit.

5. Fais toujours un suivi. Quand tu investis en publicité, tu ne paies pas seulement pour ceux qui se transforment en clients, mais aussi pour tous les autres qui lisent, s'inscrivent, demandent des informations, etc. Prends les données de tout le monde et recontacte-les pour maximiser tes résultats. Toujours.

6. Les résultats commandent. Si je paie quelqu'un pour laver ma voiture, je m'attends à la retrouver propre et parfumée. Si je paie quelqu'un pour promouvoir mon activité, je m'attends à avoir plus de clients et plus de profits. Point final.

Moments de révélation

Par Kim Walsh Phillips

Après avoir lu mon premier livre de Dan, j'ai compris

pourquoi ce que je faisais jusqu'au jour précédent ne fonctionnait pas. J'ai compris quels étaient les aspects à changer immédiatement:

1. Positionnement. C'est ta place sur le marché. Tu dois devenir l'expert de ton secteur de référence, sinon tu seras toujours à te battre sur les prix. Donc, je suis devenue l'experte en direct response sur les réseaux sociaux.

2. Prix. Être le moins cher n'est pas une stratégie durable. Peu à peu, j'ai commencé à augmenter les prix pour les nouveaux clients, jusqu'à pouvoir les augmenter aussi pour les clients historiques. Certains sont partis, mais d'autres sont restés car ils avaient quand même un bon retour sur investissement. Je suis passée de contrats mensuels de 350 $ à 3500 $ par mois quand j'ai vendu l'agence.

3. Cible. Mes clients jusqu'à ce moment-là étaient dans un rayon de 5 miles de mon bureau et beaucoup ne pouvaient pas se permettre de me payer ce dont j'avais besoin pour obtenir des résultats concrets. Je devais m'étendre pour atteindre de meilleurs clients à travers les media.

4. Media. Jusqu'alors, je me limitais à faire de la lead generation en personne, pas sur les media. J'avais besoin de croître rapidement. J'ai commencé sur LinkedIn pour ensuite arriver aussi à Facebook, Twitter et Google+.

Évidemment, je n'avais pas d'argent à investir sur les réseaux sociaux et j'avais peu de temps. J'ai commencé en écrivant un email hebdomadaire que je publiais aussi sur mon blog et je le promouvais dans mes posts sur les réseaux sociaux. J'ai essayé d'être un peu controversée et polémique pour me démarquer dans un monde si encombré. Je me suis concentrée sur le travail avec ceux qui voulaient obtenir des résultats tangibles et les mesurer. Ceux qui voulaient faire du "branding" n'étaient plus ma cible.

Les résultats

Maintenant, les gens venaient à moi parce que j'étais l'experte des réseaux sociaux à haut ROI (retour sur investissement). J'ai utilisé les mêmes stratégies dans les entreprises de mes clients et ça a aussi fonctionné là-bas. Au moment du renouvellement du contrat, au lieu de partir, les clients augmentaient le budget.

J'ai commencé à tester toutes les stratégies de direct response sur les réseaux sociaux, passant d'une liste d'emails de 1 200 contacts à plus de 21 000 en une seule année, en utilisant principalement Facebook pour la lead generation.

Le profit de l'agence a augmenté de 327% pendant cette période.

No BS Takeaways

- Sur les réseaux sociaux, les mêmes règles qui apportent des résultats s'appliquent comme pour n'importe quel autre media;

- Fais en sorte que l'argent investi dans ton marketing soit plus rentable en donnant aux gens plus de raisons de te choisir et plus de moyens de le faire;
- Dis à ton prospect exactement ce qu'il doit faire et pourquoi le faire maintenant;
- Va au-delà du travail de routine que tout le monde fait, fais un effort supplémentaire et tu auras moins de concurrence;
- Travaille mieux, ne te contente pas seulement de travailler plus.

CHAPITRE 3

Direct Response de la tête aux pieds

Les 6 principes du direct response à appliquer aux réseaux sociaux

Par Kim Walsh Phillips

1. Avoir un plan pour vendre dès le début

Sur les réseaux sociaux, personne ne veut donner l'impression d'un vendeur de voitures d'occasion, mais tu dois toujours offrir aux prospects une opportunité de se connecter et de faire des affaires avec toi. Sinon, tu ne feras que perdre du temps et de l'argent.

2. Types d'offres

Lead generation. Offre un incitatif pour que tes

prospects laissent leurs coordonnées; propose quelque chose qu'ils seraient prêts à payer, mais que tu offres gratuitement.

Vente. Il est possible de vendre directement à un public froid sur les réseaux sociaux, nous le faisons sur Twitter, Facebook, LinkedIn et Instagram. La clé est d'offrir quelque chose de spécial par rapport à l'offre habituelle que tu fais pour tous les autres en ligne ou sur d'autres plateformes.

3. Ne permets pas de reporter

Tes offres devraient être fraîches, nouvelles et avec des échéances claires. Donne toujours une date limite et des incitations à agir immédiatement.

4. Donne des instructions claires

Va sur le site, remplis le formulaire, clique ici pour appeler, etc. Plus tu es clair, plus les conversions seront nombreuses.

5. Mesure les données

Utilise les options de suivi présentes dans les comptes publicitaires des différentes plateformes. Ne te préoccupe pas des likes et des followers mais des conversions, du CTR (Click Through Rate) et d'autres métriques utiles pour évaluer l'efficacité de tes contenus.

6. Faire du branding est une conséquence du direct response

On dit souvent qu'il faut faire 85 % de contenus utiles et seulement 15 % de contenus de vente, mais je ne suis pas d'accord. Tous les contenus devraient avoir pour objectif de vendre, en cultivant l'intérêt et le besoin de résoudre le problème que tes produits ou services traitent.

L'importance de créer ta Unique Selling Proposition (USP)

Par Dan Kennedy

Selon une étude publiée dans USA Today, les slogans créatifs des grandes entreprises auraient un impact beaucoup moins important que ce que leur attribuent les publicitaires. Les consommateurs, en effet, ne se souviennent presque jamais du nom de la marque associée à un slogan particulier. Seul 64% des sondés ont reconnu le slogan de Walmart.

Voici comment certains publicitaires se sont justifiés :

- Il faut du temps pour construire l'identité de la marque. Ce slogan n'est utilisé que depuis quelques années!

- Ils ne l'ont pas reconnu car c'est seulement un slogan de transition, nous nous dirigeons vers une autre identité de marque. (Je ne sais pas ce que ça veut dire!)

Le slogan est-il une marque? Ou une USP?

Non, le slogan n'est pas une marque. Le personal brand que j'enseigne à mes élèves inclut plus qu'un simple slogan et est souvent plus lié à un marché. Beaucoup de slogans créés par les agences sont beaux, mais ne servent à rien.

Un slogan n'est pas une USP même s'il peut y être conforme. Celui de Walmart est l'un des rares à avoir du sens : "Toujours des prix bas" et coïncide avec son USP car il répond à la question cruciale "Pourquoi devrais-je acheter chez toi et non chez tes concurrents?".

En même temps, c'est une affirmation trop générale, donc fais très attention : si ton USP peut être utilisé par n'importe qui, ce n'est pas une vraie USP.

Malheureusement, il y a beaucoup de bêtises dans les agences de branding et dans les grandes multinationales, fais attention à ne pas te faire vider ton budget avec de gros investissements en publicité d'image car ils ne se traduiront jamais en profits.

Voici quelques-uns de mes conseils sur l'identité de marque:

1. Travaille sur un nom et une identité qui aient un attrait uniquement pour ton client idéal et ton marché cible. Tu ne peux pas t'adresser à tout le monde;
2. La marque doit toujours être une conséquence du direct response et se créer parallèlement aux ventes, pas à leur détriment;
3. Ne confonds pas "l'identité de marque" avec

logo, slogan, police de caractères et couleurs. D'abord, il faut les bonnes idées puis penser à les représenter graphiquement;

4. En plus de l'identité, crée une "culture d'appartenance". Pense à Starbucks ou Disney: leurs clients font partie d'un monde parallèle, ils ne sont pas de simples acheteurs. Apprends des plus malins, mais souviens-toi que tu as des objectifs différents des leurs. Ils ont des ressources que tu n'as pas;

5. Pour les petites entreprises, le personal branding est plus important car les gens sont plus attirés par faire des affaires avec d'autres personnes;

6. En bref: QUI sont tes clients? POUR QUOI veux-tu être reconnu et par QUI? COMMENT peux-tu représenter tout cela de manière mémorable?

Si tu es intéressé par le branding, j'ai écrit un livre intitulé: "Construire une marque avec le direct marketing".

La bonne USP associée à la bonne offre, au bon endroit et au bon moment, est la chose la plus importante pour se démarquer dans chaque secteur.

Pour cela, réponds à ces questions:

- Qu'est-ce qui est unique dans mon produit?
- Qu'est-ce qui est unique dans la façon dont je le livre/réalise?
- Qu'est-ce qui est unique dans mon service?

- Quelles normes puis-je enfreindre ou contourner?
- Qu'est-ce qui est unique dans ma personnalité?
- Quelle est mon histoire?
- Qui sont mes ennemis?
- Quelles sont les caractéristiques de mes meilleurs clients?

No BS Takeaways

- Beaucoup de marketeurs n'appliquent aucune tactique de direct marketing;
- Il est possible de vendre au trafic froid sur les réseaux sociaux;
- Même si tu peux automatiser les offres sur les réseaux sociaux, ce n'est jamais une bonne idée de les laisser durer trop longtemps sans les changer;
- Comment peux-tu connaître le ROI de tes réseaux sociaux si tu ne mesures pas les données?
- Tous les contenus que tu publies sur les réseaux sociaux devraient avoir pour but de vendre, pas de faire du branding.

CHAPITRE 4

Tout ne tourne pas autour de toi. Ou bien si?

La tactique marketing la plus puissante

Par Dan Kennedy

Un ancien secret des copywriters est d'entrer dans le dialogue mental de ton prospect. L'un des meilleurs moyens pour y parvenir est de rester toujours à jour sur les tendances et les intérêts du moment.

Une méthode scientifique pour le faire est de regarder les mots-clés les plus recherchés sur Google, très souvent parmi ces mots, tu trouveras les noms des célébrités du moment.

Tout le monde veut tout savoir sur les VIP et souvent, de manière inexplicable, ils confondent célébrité et crédibilité. C'est une excellente nouvelle pour les marketeurs intelligents.

Si tu fais des affaires au niveau local, il est très facile de devenir une célébrité. Si tu le fais au niveau national, mais dans une petite niche, c'est encore assez facile. Écris des livres et des articles, parle lors d'événements, sois présent sur les réseaux sociaux, fais-toi interviewer à la radio et à la TV. Bien sûr, publie tout sur ton site. Si tu es célèbre, les gens se battront pour faire des affaires avec toi et avoir une relation privilégiée.

Comment créer sa propre notoriété et pourquoi

Par Kim Walsh Phillips

Il n'est plus nécessaire d'apparaître dans le New York Times pour être célèbre. Tu peux y parvenir simplement en positionnant ta marque et en devenant l'autorité dans ton secteur. Cela t'aide à attirer plus de prospects ciblés, à les convaincre plus rapidement et à gagner plus d'argent avec chaque client.

Deviens une célébrité en utilisant Facebook pour augmenter les ventes

Créer un suivi et développer une relation est la chose la plus importante pour ton business. La liste de clients est la seule assurance pour l'avenir de ton entreprise, tu dois en créer une dès que possible.

Voici les étapes à suivre pour devenir un VIP de ton secteur:

1. Utilise une photo de profil professionnelle et

la meilleure version de toi-même (cheveux bien coiffés, maquillage...). Un selfie ne communique pas d'autorité.

2. Même chose pour les photos et les graphismes que tu utilises dans les posts. Si tu ne sais pas faire, utilise un professionnel, cela en vaut la peine.

3. Écris des contenus "d'expert". Consacre une demi-journée par mois pour créer des contenus pour tout le mois. Choisis un thème pour le mois et écris 4 articles de blog pour soutenir ta thèse. D'abord, choisis tes objectifs de vente, puis choisis un thème pour le mois qui soutient tes objectifs de vente, ensuite choisis 4 sous-thèmes à approfondir et développe-les dans les articles et les newsletters respectifs.

4. Diffuse la parole. Pour chaque article/newsletter, écris un post dédié sur les réseaux sociaux et utilise-les comme thèmes pour une diffusion en direct sur les réseaux sociaux.

5. Entoure-toi de personnes compétentes. Tu ne peux pas tout faire seul, trouve quelqu'un qui peut t'aider, il existe maintenant un freelance pour n'importe quoi.

No BS Takeaways

- Utilise les options de suivi fournies par les réseaux sociaux dans la section insights;

- Le slogan n'est pas une USP;
- Un marché énorme n'est utile qu'à ceux qui ont un énorme portefeuille;
- Tu peux toujours améliorer ton produit/service, mais tu ne peux pas remonter le temps pour construire une audience. Fais-le dès que possible!

CHAPITRE 5

Quelle est ta niche?

Marketing de niche

Par Dan Kennedy

James Perez-Foster, après une dispute avec son employeur chez Bainbridge Advisors, a quitté son travail pour se concentrer sur le marché hispanique. Il a vu une opportunité de gain dans ce secteur et a décidé d'y consacrer toute son attention.

Il a fondé la Solera National Bank, dédiée à servir les hispaniques du Colorado.

Selon une étude de ShareThis, les hispaniques aux États-Unis sont:

- 5 fois plus enclins à partager des contenus;
- 2 fois plus enclins à cliquer sur des contenus partagés;
- 2 fois plus enclins à acheter le produit partagé;
- 4 fois plus fidèles à la marque.

La niche de la niche

Si tu as déjà choisi une niche, tu peux en créer une encore plus petite en te spécialisant progressivement.

Pour créer ta niche unique, réponds à ces questions:

1. Qui est la personne idéale que tu veux atteindre? Connais-la et étudie ses comportements.
2. Pourquoi est-ce important? Pourquoi le fais-tu?
3. Quels besoins satisfais-tu? Que veut le client de toi et quel problème résous-tu?

Deviens un aimant pour tes clients

Par Kim Walsh Phillips

La seule méthode sensée derrière les campagnes sociales réussies est celle que j'ai appelée MOM:

- M pour Magnétisme. C'est ce qui attirera l'attention de ton client;
- O pour Opt-in. Le trafic social est imprévisible, c'est pourquoi tu dois le transformer en informations de contact que tu possèdes, ta liste de clients;
- M pour Monétiser. Une fois que tu as la liste, tu peux communiquer et vendre tes produits

ou services à tes prospects.

Il y a toujours quelqu'un prêt avec de l'argent en main

Voici comment trouver ces personnes:

- Observe les caractéristiques de tes meilleurs clients;
- Fais une liste de ces clients et cherche des motifs ou tendances;
- Demande-toi avec qui tu irais en vacances ou à une conférence.

Je suis convaincue que si tu dois travailler dur pour construire une entreprise, il vaut mieux le faire avec des personnes avec qui tu te sens bien. Si tu parviens à gagner de l'argent avec des personnes que tu apprécies, tu as trouvé ta niche.

L'avatar du client

Avant de commencer à communiquer, il est essentiel d'avoir un avatar de client parfait. L'avatar inclut : âge, sexe, profession, situation sentimentale, orientation sexuelle, localité, niveau d'études, connaissances technologiques et culturelles, salaire, habitudes, intérêts, etc.

Par exemple, je cible les entrepreneurs. Je sais que mes meilleurs clients sont avec nous depuis 3 ans et sont venus par le bouche-à-oreille et les recommandations. Une autre de leurs caractéristiques est la volonté d'agir, la rapidité d'exécution et leur propension à voyager beaucoup en avion.

Plus tu en sais, mieux c'est:

- Utilisent-ils le smartphone ou le PC?
- Quels réseaux sociaux utilisent-ils?
- Sont-ils propriétaires de leur maison?
- Font-ils des achats en ligne?
- Etc.

Donne aux gens ce qu'ils veulent

Comment savoir ce qu'ils veulent ? C'est simple, va dans la bibliothèque publicitaire de Facebook (www.facebook.com/ads/library) et écris le nom d'une entreprise, tu y trouveras toutes ses campagnes passées et présentes.

Recherche au moins 10 concurrents dans ta niche et regarde leurs publicités, étudie leurs landing pages, offres et lead magnets. Puis, achète-en quelques-unes et continue à étudier et à investiguer leur funnel.

Ils n'ont pas besoin d'être des concurrents directs, il suffit qu'ils servent le même marché que toi.

Fais des sondages à tes meilleurs clients

Parfois, quelques questions simples suffisent, comme:

- Quel est ton plus grand doute sur le sujet XYZ?
- Si tu pouvais changer une chose dans ton secteur, laquelle serait-ce?
- Si tu avais une baguette magique, quelle frustration ferais-tu disparaître?

Les réponses à ces questions peuvent te fournir des résultats précieux:

- Données sur les habitudes, hobbies et besoins de ta cible;
- Rapports à utiliser pour te faire connaître comme expert du secteur en partageant ce que tu as découvert;
- Idées super efficaces pour les headlines et le copy en général car elles interceptent le dialogue mental du client.

Trouve un moyen d'inciter tes clients à répondre, nous avons récemment offert cet incitatif : une formation vidéo d'une valeur de 997$. Même si cela ne me coûtait rien, pour le client, cela avait beaucoup de valeur et donc cela a fonctionné. La perception de la valeur est ce qui compte.

No BS Takeaways

- Définis ta niche: qui est ton client idéal et pourquoi ce que tu vends est important pour lui?

- Il vaut mieux avoir 500 fans acharnés que 10.000 followers tièdes;
- Contrôle les insights de l'audience de Facebook pour découvrir la composition de ton public;
- Ne fais pas d'estimations dans le marketing, surtout quand tu as déjà des réponses prêtes.

CHAPITRE 6

Comment créer un Lead Magnet

Par Kim Walsh Phillips

Supposons que tu veuilles offrir un guide sur l'utilisation de Facebook : évidemment, tu ne pourrais pas inclure toutes les étapes possibles et imaginables pour créer une campagne, pour deux raisons :

1. Les clients n'auraient plus de raison d'acheter tes services payants ;
2. Ils seraient submergés d'informations et ne sauraient pas quoi en faire.

Le guide devrait se concentrer sur un aspect bien précis et partiel, de manière à offrir une information de valeur, mais facile à consommer.

Beaucoup pensent qu'il est juste de tout dire, mais en réalité, si tu le fais, tu crées un désavantage car ils ne seront pas motivés à aller plus loin. La raison est simple : les gens veulent des réponses simples parce qu'elles génèrent de la dopamine, ce qui nous fait nous sentir bien et nous motive à continuer. C'est une véritable récompense.

Tu dois créer un parcours par étapes qui motive le client à en savoir toujours plus.

Le but du lead magnet est donc d'inciter à en savoir plus en transformant un prospect froid en "client" à travers une "transaction", même gratuite, en offrant quelque chose pour laquelle ils auraient été prêts à payer.

Une fois que tu as choisi ton lead magnet, mets le lien dans chacun de tes profils sociaux. De cette façon, tout le monde saura clairement quelle est la prochaine étape à suivre.

No BS Takeaways

- Ne te contente pas de demander l'adresse email. Offre quelque chose de valeur en échange;
- Ton travail est de pousser le prospect à l'action;
- Les gens adorent la gratification instantanée;
- Rends ton marketing amusant et engageant, ainsi tu inciteras les gens à participer;
- Assure-toi que ton copy et tes images s'adressent à une audience spécifique. Ne sois pas trop générique.

CHAPITRE 7

Facebook Ads

J'aime tester au moins deux copies différentes: une courte et une longue. Voici le modèle que j'utilise à chaque fois:

1. Pose une question à ton marché, par exemple: « Veux-tu découvrir une nouvelle façon d'obtenir des clients rapidement pour ton activité de conseil? »
2. Offre une solution : « Suis mon cours gratuit et apprends le système Plus de Clients Maintenant! »
3. Appel à l'action: « Clique ici pour t'inscrire »

Ensuite, nous testons une version longue qui raconte une histoire:

1. Commence par une situation difficile dans laquelle tu t'es trouvé (difficulté à acquérir des clients);
2. Partage les espoirs que tu avais à l'époque et qui coïncident avec les points de douleur du client (j'avais besoin d'un système automatique pour acquérir des clients);

3. Le moment où tout a changé, la solution (le système que tu as trouvé);
4. Partage les résultats obtenus avec ce système;
5. Appel à l'action (inscris-toi à mon cours où je t'apprends comment faire).

No BS Takeaways

- Les campagnes pour obtenir des interactions peuvent avoir du sens si elles sont utilisées pour attirer des leads qualifiés;

- Teste toujours au moins deux copies différentes, l'une longue et l'autre courte;

- Teste différentes images dans tes posts pour voir lesquelles fonctionnent le mieux (personnelles, photos de stock, graphismes). Si tu peux, ajoute un peu de rouge, c'est utile pour capter l'attention;

- Chauffe l'audience et construis une relation avant de leur demander de passer à l'action.

CHAPITRE 8

LinkedIn

Je suis Josh Turner et aujourd'hui, je veux te raconter pourquoi toute entreprise peut échouer du jour au lendemain si elle n'a pas une source fiable de nouveaux clients. Même celles avec des revenus annuels de 8 à 9 chiffres.

Quand j'avais 21 ans, mon père avait une entreprise de construction spécialisée dans les rénovations. Les affaires allaient bien, il était toujours au travail et en quelques années, nous étions passés de 5 à 23 millions de revenus.

Quand les temps étaient bons, nous travaillions beaucoup, mais nos vendeurs étaient occupés uniquement à gérer les clients actuels ou à demander des références. Nous n'avions aucun système pour acquérir de nouveaux clients et cela nous a rattrapés en 2008, lorsque le marché est devenu plus compétitif et que nous ne savions plus à qui nous adresser.

Nos clients nous adoraient et le service était excellent, pourtant cela n'a pas suffi, nous avons dû fermer l'année suivante.

Cela pour te dire que tu ne dois jamais négliger l'acquisition de nouveaux prospects, retiens bien cette phrase : plus de rendez-vous = plus de ventes.

Voyons maintenant comment augmenter tes rendez-vous via les réseaux sociaux, en particulier LinkedIn.

L'idéal serait de demander une connexion aux personnes avec qui tu voudrais faire des affaires, mais sans chercher immédiatement à vendre quelque chose. Essaie d'abord de créer un lien en apprenant à les connaître et en te faisant connaître, en publiant des contenus qui te positionnent comme une autorité dans le secteur. Voici comment faire :

1. Mets toujours à jour tes informations et publie constamment. Les gens se souviendront plus facilement de toi au moment où ils auront besoin;

2. De temps en temps, envoie des messages privés avec des informations utiles, des études de cas, des rapports, etc.;

3. Maintenant qu'ils te connaissent et te font confiance, essaie de proposer un appel téléphonique. Si tu as bien fait ton travail, tu devrais obtenir un taux de réponse de 20-30%. À ce stade, tu peux les intégrer dans ton funnel de suivi.

No BS Takeaways

- Mets à jour ton profil avec les informations nécessaires pour attirer tes clients idéaux;

- Si tu as des connexions ou des connaissances communes avec ton prospect, mentionne-le, cela te facilitera la vie;
- La vérité est que toutes les entreprises rencontrent des difficultés. Amazon, Apple et Facebook ne sont pas arrivés au sommet sans avoir surmonté leur part d'adversité;
- Tu as besoin d'un processus qui génère un flux constant de nouveaux clients, tu ne peux pas te baser uniquement sur les références et le bouche-à-oreille.

CHAPITRE 9

Email marketing

Écrire des emails efficaces

Par Kim Walsh Phillips

Il y a deux types de personnes dans ta boîte de réception: les casse-pieds et ceux qui ont toujours quelque chose d'intéressant à dire. Dans quelle catégorie se situent tes emails?

Cela fait des années que je communique régulièrement avec ma liste email, mes clients savent que j'ai toujours quelque chose de valeur à partager et j'aime le faire.

Je suis convaincue qu'il faudrait envoyer un email par jour, c'est la seule façon de développer une relation durable. Je sais que cela semble beaucoup, mais une fois que tu prends l'habitude de le faire, il deviendra normal de transformer en email tout ce qui t'arrive au cours de la journée.

Voici le format que j'aime suivre pour mes emails :

1. Objet de l'email qui crée de la curiosité;
2. Salutation personnalisée avec le nom;

3. Raconte une chose qui t'est arrivée;
4. Lie-la à une leçon de business;
5. Crée une connexion avec un programme/événement/service que tu offres ou offriras bientôt;
6. P.S. Avec un call to action vers un de tes services ou produits.

No BS Takeaways

- N'utilise pas l'objet de l'email pour te promouvoir, mais fais en sorte que le prospect veuille l'ouvrir pour en lire plus. Il doit divertir et susciter la curiosité;
- Inclue un call to action clair dans tes emails. Les gens sont trop occupés pour essayer de comprendre ce que tu veux;
- Écris chaque email comme s'il s'agissait d'une communication personnelle et concentre-toi sur le lecteur;
- Ne prends jamais rien pour acquis, teste tout en petites quantités avant un grand lancement.

CHAPITRE 10

Que publier

Par Kim Walsh Phillips

Tout d'abord, observe ce qui fonctionne dans ta niche, je te laisse quelques indications basées sur mes propres expériences:

- N'utilise jamais des photos de stock qui ressemblent à des photos de stock;
- Utilise des photos réelles de toi et/ou de tes collaborateurs;
- Utilise des photos de ton bureau (le classique café et ordinateur);
- Pose des questions au public;
- Utilise des phrases avec des mots à compléter dans les commentaires;
- Publie une photo amusante ou inhabituelle en demandant aux gens d'écrire leur propre légende dans les commentaires (accompagnée d'un concours pour récompenser les meilleures);
- Fais des quiz.

Quoi que tu décides de publier, prépare tes posts à l'avance et programme-les pour en publier un par jour. Plus tu es constant, mieux c'est pour ton business, ton audience et tes ventes.

No BS Takeaways

- Plus tu obtiens de commentaires, likes et partages, plus ton post sera montré aux autres;
- Il faut publier en fonction de ce qui fonctionne, pas en fonction de l'inspiration;
- Crée toujours tes posts à l'avance.

CHAPITRE 11

Le grand secret des réseaux sociaux est-il hors ligne?

Le coût du manque de suivi

Par Dan Kennedy

De nos jours, on entend chaque jour parler de la mort d'un nouveau média, en particulier de la soi-disant "mort du papier". Je voudrais démystifier ce mythe avec des exemples réels.

Il y a un marketeur qui parvient à gagner entre 8 et 11 $ pour chaque 3 $ investis uniquement avec les journaux.

Mais parlons aussi des newsletters papier : mon entreprise a été construite ainsi et continue d'être alimentée par les clients qui lisent la newsletter, qui sont souvent mes meilleurs clients.

Il y a aussi le cas d'Annette Fisher, fondatrice d'un refuge pour animaux (Happy Trails Farm Animal Sanctuary), avec laquelle nous avons créé une newsletter papier qui fonctionne très bien.

Puis, il y a Shaun Buck qui connaît un immense

succès avec ses newsletters pour dentistes et orthodontistes (NewsletterPro.com).

Alors, même si aujourd'hui il est facile de communiquer "gratuitement" en ligne, pourquoi toutes ces personnes continuent-elles d'imprimer du papier ?

Parce que le papier offre des effets positifs qu'on ne peut pas reproduire en ligne.

Tout d'abord, les clients apprécient que vous dépensiez de l'argent pour communiquer avec eux en fournissant des informations et du divertissement, ce qui déclenche la réciprocité (principe que vous trouverez dans le livre de Robert Cialdini).

Ensuite, les clients accordent plus de valeur et d'autorité au papier imprimé et préfèrent lire sur papier plutôt qu'en ligne.

Enfin, le papier imprimé a une durée de vie beaucoup plus longue. Très souvent, des clients me contactent grâce à des newsletters vieilles de plusieurs mois. Combien de personnes lisent de vieux articles de blog ou de vieux posts sur les réseaux sociaux ? Je vais vous le dire, personne.

Bien sûr, rien de tout cela ne fonctionne si vous êtes ennuyeux. Voyons ensemble quelles sont les caractéristiques d'une belle newsletter.

- Histoires d'intérêt humain. Parlez de ce qui vous arrive ainsi qu'à vos clients, des nouvelles et des célébrités qui sont en quelque sorte liées à vos produits ou services;
- Informations nouvelles, inhabituelles et

fascinantes. Cela génère du bouche-à-oreille. Voici quelques excellents exemples de sujets traités par un ami : "Les aliments à ne jamais manger en avion" et "Ce que les compagnies pharmaceutiques ne veulent pas que vous sachiez sur le cancer";

- Opinions. Si vous voulez avoir une relation personnelle avec vos clients, vous devez partager vos idées, votre vision et votre philosophie de travail et de vie. C'est la seule façon de fasciner les personnes qui pensent comme vous;
- Conseils utiles. Comment soulager un mal de tête intense (médecin), comment enlever les taches causées par les animaux domestiques sur les tapis (magasin pour animaux ou pressing spécialisé), etc.

Vous devriez aussi inclure des promotions limitées et directes, l'introduction de nouveaux services ou produits, la lead generation avec des offres spécifiques, etc.

Ensuite, bien sûr, vous pouvez également exploiter les réseaux sociaux et le site web pour créer du buzz et promouvoir votre newsletter papier, peut-être même avec des concours.

Si ces exemples ne suffisent pas à vous convaincre, lisez ces données et vous comprendrez pourquoi avoir une newsletter papier (ou toute forme de suivi) est encore plus important:

- seulement 18% des prospects sont prêts à acheter immédiatement;

- 82% des prospects mettent plus de 3 mois pour décider d'acheter;
- 61% mettent plus d'un an pour décider d'acheter;
- seulement 44% des vendeurs effectuent un suivi après une rencontre.

L'objectif de la première vente devrait toujours être de créer une relation durable et de transformer les nouveaux clients en clients récurrents et fidèles. Pour cela, vous devriez utiliser tous les moyens à votre disposition pour créer une relation, car les clients aiment travailler avec des personnes qu'ils connaissent et estiment.

Un autre lot de données:

- augmenter la rétention des clients de 5 % peut augmenter les bénéfices de 25 % à 125 % ;
- la probabilité de vendre à un client existant est de 60 % à 70 %, pour un nouveau client elle est de 5 % à 20 % ;
- les entreprises qui donnent la priorité à l'expérience client réalisent 60 % de bénéfices en plus par rapport aux concurrents.

No BS Takeaways

- Les clients qui lisent la newsletter papier sont plus fidèles et dépensent plus;
- Une bonne newsletter construit une relation,

surtout si vous mettez en avant votre personnalité;

- La première raison pour laquelle les leads ne se transforment pas en clients est le manque de suivi;
- L'objectif de la première vente est de créer un client récurrent;
- Les communications que vous envoyez ne doivent pas parler de ce qui vous intéresse (informations techniques sur les produits et services), mais de ce qui intéresse vos clients (histoires, actualités...).

CHAPITRE 12

Faire le grand coup

Call to action qui fonctionnent

Par Dan Kennedy

Souvent, les entreprises qui peinent à croître ont un bon produit, une bonne position et une bonne politique de prix et de marges. Leur plus grand défaut réside dans la vente, un art désormais perdu et méprisé par la plupart des gens. Beaucoup d'entre nous préfèrent envoyer un e-mail en évitant le face-à-face ou souhaitent remplacer les vendeurs par des écrans parce qu'ils ont entendu dire que les clients les préfèrent. Les clients n'ont pas toujours raison... pourquoi devriez-vous éliminer une approche qui fonctionne mieux que toute autre pour augmenter les ventes ?

Vous ne pouvez pas vous permettre de laisser entrer les gens dans votre magasin juste pour regarder, puis repartir sans avoir eu de contact avec un vendeur ou une lettre de vente, ou sans au moins prendre leurs coordonnées pour les recontacter avec un follow up.

Réfléchissez donc bien à qui est votre client idéal, où

vous pouvez le trouver et ce qu'il veut vraiment que vous seul pouvez lui offrir. Ensuite, essayez également de comprendre quel est le prix juste qu'il peut se permettre de payer. Ce n'est qu'ainsi que vous pourrez construire un bon système de lead generation.

Votre lead magnet devrait exprimer clairement ce qui vous rend différent et renforcer la call to action (qui doit toujours être présente dans le lead magnet). Cela convaincra le prospect d'agir car il sera persuadé que le bénéfice qu'il désire ne peut être obtenu que par votre produit ou service.

Vendre sur les réseaux sociaux

Par Kim Walsh Phillips

De nombreuses entreprises sur les réseaux sociaux restent bloquées sur les likes et les interactions parce que cela fait plaisir de sentir ce type de connexion et de soutien. Dommage que les interactions ne paient pas les factures.

C'est pourquoi il est très important de décider du processus de vente avant de commencer à publier du contenu, sinon nous risquons de créer du contenu uniquement pour les likes.

Je vais vous donner l'exemple de quelqu'un qui a compris comment faire. Le restaurant asiatique PF Chang's a créé une promotion pour son anniversaire. Tous les followers de Facebook ont reçu un coupon pour un wrap gratuit avec l'achat de n'importe quel apéritif. En plus d'augmenter le nombre de followers, le vrai succès a été d'attirer 50 000 personnes dans le restaurant grâce au coupon, dont 40 % étaient de nouveaux clients.

Les différents moyens de convertir un lead en client

- Séquence d'emails de follow up avec call to action. Ils servent à répondre aux doutes et objections et à établir une relation ;
- Événement de follow up. Si après avoir regardé votre cours gratuit les gens n'achètent pas, prévoyez un webinaire ou un événement en direct où inviter les personnes qui ont regardé la vidéo sans acheter ;
- Campagnes papier. Même si un client vous a découvert en ligne, cela ne signifie pas que la conversation doit rester sur les médias en ligne ;
- Retargeting. Créez des messages publicitaires spécifiques pour ceux qui vous suivent mais n'ont pas encore acheté ;
- Appel de follow up. De loin le moyen le plus efficace.

Votre objectif devrait être de dépenser le plus possible pour acquérir des clients de qualité et essayer de les garder pour de nombreux mois ou années. Celui qui peut dépenser le plus pour acquérir des clients gagne.

Monétiser le message

Par Kim Walsh Phillips

Nous allons maintenant voir des stratégies qui fonctionnent même si vous avez une petite liste de clients et peu de budget, pour :

- augmenter les abonnés à la liste ;
- monétiser l'audience ;
- augmenter le succès avec des actions répétables.

Les opportunités que nous allons voir sont nombreuses, mais ne vous laissez pas intimider, vous n'avez pas besoin de toutes les mettre en pratique, il vous suffira d'en choisir quelques-unes.

Maintenant, je veux que vous écriviez sur une feuille combien d'argent en plus par mois vous voulez obtenir. Ensuite, choisissez les stratégies qui vous semblent les plus adaptées pour y parvenir. Voici les moyens de monétiser :

1. **Amazon Influencer Program.** Si vous avez déjà une liste d'au moins 1000 clients. C'est différent du programme d'affiliation classique car il vous permet de créer une véritable boutique où diriger vos clients et ils créent périodiquement des promotions dédiées. Vous pouvez gagner de 100 $ à 1000 $ par mois ;

2. **Votre blog.** Tout le monde devrait en avoir un car c'est votre média propriétaire, dont personne ne peut vous expulser. Vous pouvez

le monétiser avec la publicité, les liens affiliés, les articles sponsorisés. De 100 $ à 50 000 $ par mois ;

3. **Podcast.** Cela coûte vraiment peu à réaliser et permet aux gens d'écouter les infos tout en faisant autre chose. Vous pouvez le monétiser avec la publicité et les sponsors. Je gagne 3000 $ par mois avec mon podcast ;

4. **Newsletter payante ou magazine.** En plus du paiement de l'abonnement mensuel, vous pouvez gagner de la publicité ou sponsoriser vos services/produits. De 100 $ à 1000 $;

5. **Créer un produit.** Une fois que vous connaissez votre audience, il ne devrait pas être difficile de trouver un produit ou un service dont ils ont besoin. Et vous n'avez pas forcément besoin de le produire ou de le délivrer vous-même, il existe désormais des services d'impression à la demande, des dropshippers, etc. Vous pouvez gagner de 500 $ à 10 000 $;

6. **Exploiter l'audience d'autrui.** Tony Robbins a écrit "Money: Master the Game", devenu un bestseller grâce au fait qu'il s'est contenté d'interviewer des influenceurs. Chacun d'eux, évidemment, a sponsorisé le livre auprès de son audience. Vous pouvez gagner de 500 $ à 2000 $;

7. **Événements en direct ou en ligne.** Il vous suffit d'enregistrer l'événement et de le

revendre comme contenu. De 1000 $ à 20 000 $;

8. **Interroger des experts.** Vous pouvez créer des interviews sur des sujets spécifiques avec des experts du secteur et les revendre comme cours ou bonus. De 1000 $ à 10 000 $;

9. **Promouvoir des produits ou services d'autrui sur Instagram.** Si vous avez un grand nombre de followers, vous pouvez être payé pour les posts sponsorisés. De 50 $ à 500 $ par post ;

10. **Facebook Live sur un produit avec lien affilié** ;

11. **Publicité sur Youtube.** De 1000 $ à 5000 $ par mois ;

12. **Organiser un événement boutique exclusif.** Invitez 5-10 personnes dans un cadre intime, c'est un excellent moyen de commencer avec les événements. Nous faisons payer de 2 500 $ à 5 000 $ par personne ;

13. **Mastermind.** Créez un groupe de personnes qui se réunit périodiquement virtuellement ou en personne pour apprendre et s'améliorer. De 10 000 $ à 100 000 $;

14. **Événements à grande échelle.** Ils peuvent être très rentables, mais évitez-les si vous n'avez pas une grande audience car ils sont très coûteux à organiser ;

15. **VIP Coaching Days.** Avec ces journées en tête-à-tête, vous promettez d'obtenir un

résultat bien précis en fin de journée. De 2 500 $ à 18 000 $ par jour ;

16. **Ateliers en ligne.** Une série de rendez-vous en ligne pour réaliser un objectif bien précis, plus interactif qu'un webinaire car on travaille ensemble ;

17. **Kindle.** En gros, on vous paie pour générer des leads car dans les livres Kindle, vous pouvez insérer des liens cliquables vers des produits/services. De 10 $ à 500 $ par jour ;

18. **Accords pour publier des livres.** Si vous avez de bons chiffres avec les ventes Kindle, vous pouvez négocier avec les maisons d'édition et être payé à l'avance ;

19. **Affiliations.** Nos clients sont ravis lorsque nous proposons des produits/services affiliés car ils savent que, si nous les avons approuvés, c'est que c'est une bonne affaire. Vous pouvez gagner de 2 000 $ à 50 000 $ par mois ;

20. **Vendre vos secrets.** Faites une compilation de vos matériaux les plus réussis (lettres de vente, emails, etc.) et vendez-les. De 3 000 $ à 30 000 $;

21. **Créer un bonus cadeau.** Donnez d'abord aux gens ce qu'ils veulent et ensuite seulement ce dont ils ont vraiment besoin. Le site makeuptutorials.com commence par offrir un pinceau, puis vous permet d'ajouter d'autres pinceaux gratuitement si vous vous abonnez à leur service d'empowerment féminin (RAW) à 19,95 $ par mois ;

22. **Créer un cours** ;

23. **Faire un webinaire**.

Du funnel aux revenus à la demande

Par Dan Kennedy

Attirer des gens en ligne partageant vos intérêts est une chose, les faire acheter en est une autre. Si vous avez une audience de 100 000 personnes sur les réseaux sociaux qui adorent vos contenus gratuits, il n'est absolument pas garanti qu'elles achèteront. La meilleure stratégie pour éviter les mauvaises surprises est de créer un parcours qui sépare les vrais clients de tous les autres. Voici comment faire:

- Ne les laissez pas tous ensemble, libres d'errer;
- Ne gâtez pas les followers en leur offrant beaucoup de contenus longs et gratuits sans demander une action précise;
- Segmentez votre liste en fonction des intérêts;
- Ouvrez les portes à ceux qui sont prêts à acheter;
- Structurez des parcours/funnels qui mènent à une décision d'achat;
- Ne vous inquiétez pas des critiques de ceux qui ne veulent pas acheter, concentrez-vous uniquement sur l'opinion des clients.

No BS Takeaways

- L'erreur la plus courante chez les entrepreneurs est de fermer la vente ;
- Chercher à attirer tous ceux qui pourraient être intéressés par votre service est une perte de temps ;
- Ne comptez pas sur l'espoir et le networking pour obtenir des clients ;
- Les likes ne paient pas les factures ;
- Parfois, au début, il vaut mieux ne pas essayer de vendre ce que vous voulez, mais quelque chose de totalement différent ;
- Un prospect ne vaut rien sans conversion ;
- Celui qui peut dépenser le plus pour acquérir un client gagne.

CHAPITRE 13

L'optimisation crée la transformation

Par Kim Walsh Phillips

L'importance des tests

La seule façon d'éviter de dépenser de l'argent au hasard est de tester ce qui fonctionne. Une chose que j'ai apprise, c'est que souvent ce que vous pensez fonctionner ne le fait pas. Tester des publicités sur les réseaux sociaux est vraiment facile parce qu'il suffit de fixer une période de temps et de voir laquelle performe le mieux.

Mon credo est de tester en petit et ensuite lancer en grand.

Voyons les meilleures pratiques en phase de test:

- Suivez les conversions, pas les clics;
- Testez une chose à la fois (headline, image...) pour éviter de fausser le résultat;
- Commencez par tester l'audience et choisissez la meilleure;
- Après avoir trouvé l'image qui performe le

mieux, essayez de changer la couleur du fond et voyez si cela va mieux ou pire;

- Ensuite, testez différentes phrases à l'intérieur de l'image ("cliquez ici" contre "téléchargez maintenant"...);
- Essayez avec et sans bouton et voyez ce qui fonctionne le mieux;

Quand tout est optimisé, passez à la landing page.

Voici une checklist de toutes les choses à tester :

- Images;
- Headline;
- Texte;
- Audience;
- Formulaire d'opt-in;
- Texte sous la photo;
- Jours et horaires;
- Budget quotidien;
- Positionnement de l'annonce.

No BS Takeaways

- Sur les réseaux sociaux, en quelques jours, vous pouvez savoir quelle campagne performera le mieux;
- Si vous vous basez uniquement sur vos

suppositions, 9 fois sur 10, vous vous tromperez;

- Tester est le seul moyen de ne pas gaspiller d'argent;
- Suivez les conversions, pas les clics;
- Ne vous reposez pas sur vos lauriers, le statu quo ne génère jamais de résultats exceptionnels.

CHAPITRE 14

Comment augmenter la liste de clients

Par Kim Walsh Phillips

Je veux maintenant te montrer 5 façons de faire croître ta liste sans dépenser un sou en publicité :

1. Crée un lead magnet avec d'autres experts de ton secteur et regroupe-y tous les conseils;

2. Mets le lien vers ton lead magnet partout (profils sociaux, posts, vidéos...);

3. Lance un quiz sur les réseaux sociaux. Demande "si tu avais une baguette magique, que changerais-tu dans (le secteur/problème)?";

4. Fais-toi inviter sur d'autres blogs, podcasts, lives, etc. et promeus ton lead magnet;

5. Fais un live par semaine, choisis un jour et une heure et sois constant.

Comment créer du buzz pour un lancement en 3 jours

Voici la stratégie que nous avons utilisée pour lancer mon podcast avec grand succès. Voici comment nous avons fait:

1. Annonce. Nous avons programmé un live sur Facebook en annonçant une grande nouveauté;

2. Réseaux sociaux. Nous avons publié plusieurs posts avec le lien pour s'inscrire au live;

3. Pré-promotion. Nous avons demandé à des amis et des membres de la famille de télécharger l'épisode et de laisser un avis pour créer une preuve sociale avant le lancement;

4. Jour du lancement. Nous avons envoyé un e-mail à la liste et publié des posts pour rappeler de participer au live;

5. Nous sommes en direct! Notification par e-mail au moment où le live commence;

6. Discussion. Prends quelques minutes pour attendre que tout le monde voie les notifications du live, en divertissant avec quelques questions aux followers. Nous avions également créé un concours pour ceux qui s'inscrivaient et laissaient un avis;

7. Annonce post-événement. E-mail, messages dans les chats et posts avec le lien vers l'enregistrement pour ceux qui auraient manqué le direct.

No BS Takeaways

- Utilise chaque opportunité pour obtenir des leads (photo de couverture, bio, signature d'e-mail, posts, articles, etc.);

- Facebook Live est l'allié de ton ROI, mais tu dois être constant;

- Avant chaque lancement, demande à des amis et des membres de la famille de fournir une preuve sociale;

- Concentre ta promotion sur une période limitée pour maximiser les résultats.

CHAPITRE 15

Le problème des tendances

Par Dan Kennedy

Sauter sur le wagon de la dernière tendance peut être très risqué. C'est ce qui est arrivé à la pizzeria DiGiorno lorsqu'elle a publié un post amusant en utilisant un hashtag tendance pour sensibiliser à la violence domestique. Ils se sont défendus en disant qu'ils ne connaissaient pas la signification du hashtag... Je ne sais pas si c'est vrai ou non, mais fais toujours très attention à ce que tu publies.

Les réseaux sociaux sont un excellent outil s'ils sont utilisés parallèlement à d'autres canaux et stratégies. Ils devraient être un ajout, pas ton seul moyen d'acquérir des clients. Sinon, si Facebook te supprime pour une raison quelconque, tu perds tout !

Ne fais jamais l'erreur de copier la publicité ou la stratégie sociale d'une autre entreprise juste parce que cela te semble cool.

Connais tes clients, découvre leurs besoins et désirs et satisfais-les.

CHAPITRE 16

Comment multiplier les contenus

Par Kim Walsh Phillips

Dans ce chapitre, je veux partager avec toi la formule que j'utilise pour multiplier mes contenus.

Jour 1

- Écris un article sur ton site.

Jour 2

- Envoie un e-mail à ta liste avec le lien vers l'article;
- Publie une story avec le lien.

Jour 3

- Publie le lien dans un post sur Facebook;
- Fais un live sur le même thème que l'article;
- Fais un post sur Instagram sur le même thème

que l'article.

Jour 4

- Poste sur LinkedIn avec le lien vers l'article;
- Tweet;
- Story sur Instagram avec le lien mentionnant les commentaires reçus.

Note

Cette synthèse de "Direct Response Social Media Marketing" a été soigneusement élaborée pour diffuser les principes de la pensée de Kennedy en italien. Elle fait partie de la célèbre collection de livres "No B.S." créée par Dan Kennedy.

Dan Kennedy est l'un des protagonistes les plus influents et importants du marketing à réponse directe et, malheureusement, ses livres ne sont disponibles qu'en anglais. Bien que ceci soit une version extrêmement succincte et dépourvue des images originales, nous sommes convaincus qu'elle peut servir de tremplin pour ceux qui ne maîtrisent pas bien l'anglais mais qui souhaitent approfondir et appliquer sa pensée.

Le but de cette synthèse est purement de vulgarisation ; nous ne cherchons en aucun cas à la substituer au livre original de Dan Kennedy.

L'équipe de Éditions Concentré

www.ingramcontent.com/pod-product-compliance
Lightning Source LLC
Chambersburg PA
CBHW071954210526
45479CB00003B/938

9798332758836